Édition : BoD — Books on Demand, info@bod.fr.
Impression : BoD — Books on Demand, In de Tarpen
42, Norderstedt (Allemagne)
Impression à la demande
ISBN : 978-2-3224-7466-0

Dépôt légal : Juillet 2023

Un livre que l'on dépoussière et, déjà,

ce sont des milliers de kilomètres que l'on

parcourt,

des inconnus dont on tombe en amour,

et des portes scellées que l'on ouvre devant soi.

L'ivresse de la vie en petits caractères.

11 avril 2023

Je quitte enfin Porto.

Après y avoir déambulé à pied durant des heures, je me rends compte que cette ville, que je rêvais de découvrir, me laisse un arrière-goût

de déception.

Comme souvent dans l'existence, lorsque l'on projette mille espoirs en un lieu ou une personne, il arrive que l'on soit déçu. Bien entendu, les rives du *Douro* sont pleines de charme et les terrasses de café sont animées d'un doucereux accent. Évidemment, il est plaisant d'en arpenter les jolies ruelles.

Le linge sèche aux fenêtres et les *azulejos* (petits carreaux de faïence qui décorent les maisons) sont du plus bel effet.

Malgré tout, après un petit-déjeuner vite englouti, je rejoins la gare sans le moindre regret.

Pour des raisons d'organisation, je dois parcourir en transports la centaine de kilomètres qui séparent Porto de la ville de Caminha.

Assise dans le métro qui part en direction de Póvoa de Varzim, je regarde défiler les paysages. Prairies et zones industrielles se succèdent et effacent en moi ce que j'avais de regrets de ne pouvoir parcourir à pied cette portion du chemin.

Soudain, le train surplombe le *Rio Ave* et s'engouffre dans la ville de Vila do Conde qui mêle la laideur des bâtisses modernes délabrées et la poésie d'un vieil aqueduc surplombant la ville.

Je passe quelques heures à déambuler dans Póvoa de Varzim où les processions de Pâques se joignent allègrement aux quelques animations touristiques habituelles. Embrasser le Christ ou acheter une nouvelle paire de lunettes de soleil ?
Je longe l'immense plage de sable blanc sans m'y arrêter et me rends ensuite à la gare routière.
Après une voyage en bus jusqu'à Viana Do Castelo, j'arrive enfin à Caminha par le train.

Je comprends alors que rien ne se fait par hasard et que c'est ici que mon chemin commence.

Symboliquement d'abord, Caminha, signifiant « marche » en portugais, est la ville où doit commencer mon voyage à pied.

Puis ici, sur la petite place, m'installant en terrasse, je trouve enfin le calme que je suis venue chercher. Le temps est gris, les touristes peu nombreux.

Je suis exactement où je dois être. À quelques encablures de l'Espagne, dont la frontière est marquée par le *Rio Minho*.

Je sais que demain, il pleuvra toute la journée. Pourtant, je n'ai aucune once d'appréhension.

C'est ici que devait commencer mon chemin, et je suis parfaitement à ma place, qu'importe le temps qu'il fait.

Je me sens paisible et emballée à l'idée de commencer à marcher d'un bon pas.

Ce jour-là, longeant la rive du fleuve, je regarde la berge d'en face et décide de passer un pacte avec moi-même :

« Laisse couler. Laisse venir. Les gouttes de pluie qui tombent dans les ruisseaux finissent toujours à la mer.

Efforce-toi d'être comme l'eau : libre et légère. Le reste

suivra naturellement. ».

Je ne savais pas encore en murmurant ces mots à voix basse à quel point l'eau serait ma compagne de voyage. Elle guidera mes pas jusqu'à Compostelle, sans jamais me fausser compagnie. Elle coulera sous mes pieds, à mes côtés, et sur mon front, du début à la fin du chemin…

13 avril 2023

Aucune des pierres posées par l'homme ne vaut la grandeur de l'océan. Si c'est évident lorsqu'on le regarde en face, ça l'est encore plus à mi-chemin entre Mougás et A Ramallosa.

Il suffit de grimper un col, dont la montée se laisse vite oublier, et de poser son regard en contrebas. Le relief se jette dans l'océan et je me jette dans le relief de la Galice, sublime et magique.

Le bruit des vagues disparaît presque et le soleil point à travers les eucalyptus. La forêt m'accueille à bras ouverts.

Elle m'étreint, paisible, et me guide vers la vallée.

J'avance malgré la pluie. Je me découvre une force intérieure insoupçonnée.

J'ai croisé quelques autres pèlerins.

À chaque rencontre, on me demande la raison de ce pèlerinage vers Compostelle. C'est étrange, je ne sais pas répondre à cette question. J'arrive ici sans attente, avec la seule envie de découvrir ce dont je suis capable, seule sur les chemins de pays étrangers.

Je redécouvre mon corps, la douceur de la solitude, la saveur du silence.

Je me pensais fragile et frêle, et me révèle solide et fiable.

J'avance à 4 km/h, plus sereine et plus forte que jamais.

Je me surprends à chanter en marchant lorsque la route me semble difficile. Je ne sais pas vraiment l'heure qu'il est ; je sais à peine quel jour nous sommes. Guidée par le balisage destiné aux pèlerins et mon guide de voyage en version papier, je me laisse vivre au gré des émotions : ce sont elles qui me guident, qui m'effleurent, qui me donnent la cadence.

Suivre le chemin, ou être le chemin ?

J'ai le sentiment que les sentiers savent bien mieux que moi d'où je viens et où je vais. Le soleil réapparaît et sur ma peau, il invite tout l'univers à réchauffer mon cœur. Mes veines s'éveillent et devinez... je suis plus vivante que jamais !

Je ne sais ni comment ni pourquoi, mais après cela, rien

ne sera plus jamais pareil. Chaque jour, une nouvelle destination, un nouveau défi. Chaque matin, recevoir une invitation à danser sous la pluie, à marcher dans la vie, à aimer encore et à parer ma route d'or !

La Galice vers Compostelle

Via Romana

Toi, vieille route romaine

de granite et d'obsidienne,

cheminant dans le creux des collines,

accueille ma silhouette bédouine !

Toi, la *Via Romana*, longeant le *Río Tomeza*,

parcourue de sources et de rivières

qui désaltèrent mes prières,

viens là que je t'arpente !

De creux en bosses, de plats en pentes,

allant joyeuse à Compostelle,

je me joue de tes ritournelles.

Entre terre et ciel,

tes courants d'air, tes courants d'eau

rappellent l'essentiel et caressent ma peau

sur laquelle, fidèle, le soleil jette un œil,

et où les fleurs abondent : jasmin et chèvrefeuille.

Pluvieuses forêts de géants,

roches lustrées par l'océan,

perdue au milieu des eucalyptus,

me voilà prise d'un rictus.

Je suis le chemin, mais je ne suis personne.

Humble, rien qu'un humain qui te sillonne.

Égarée dans l'immensité de tes dédales,

tes bois sont ma plus belle cathédrale.

Je souris dans une langue étrangère,

bagage sur le dos et pourtant si légère.

Sur la grand-route des pèlerins,

Je disperse mes doutes, je n'ai besoin de rien.

Je ne sais ni l'heure, ni le jour,

ni la douleur. Je sais juste l'amour.

À bras ouverts, tu m'accueilles, Galice.

Tu es mon *Odyssée* et je suis ton Ulysse.

Premiers pas

Là où je laissais mes chaussures,

la boue dessinait un sillon

qui descendait vers la rivière.

Je le suivais d'un pied sûr,

bien que glissait l'humide terre.

Sous mon poids, quelques aiguilles

de pin pliaient pour se défendre.

Heureusement pour nous

que le sol était tendre !

Le pied nu dans la tourbe,

me voilà qui m'enlise,

me voici qui me courbe,

j'ai le corps qui glisse.

Ma main se pose,

instinctivement,

sur un maître géant.

Écorcé vif,

blanc-crème, brun-safran.

Là-haut, son vert-bleu,

d'une grandeur impériale,

dessine sur le ciel

de fines feuilles pâles.

Lancéoles végétales

qui penchent vers la bourbe.

Le vent dans ses ramures

distille sa leçon.

Et voilà qu'il murmure

depuis le haut du tronc :

« Nul ne part à la hâte,

sans assurer son pied.

Il faut ancrer ses pattes

pour garder port altier. »

Alors je me redresse,

Solide comme un roc.

Et mes forces renaissent,

que la nature provoque.

Je me tiens à elle,

Autant qu'elle tient à moi.

Et je me tiens au ciel,

et baigne dans ses bras.

La boue dessinait un sillon

qui descendait vers la rivière.

Debout, sous l'œil maternel

de mère Nature, fière,

je fis mes premiers pas

d'humain des bois.

Dune

Je pose mon séant sur les roches de la dune.
Derrière moi, un jardin où poussent les agrumes.
Devant moi l'océan, son air marin que je hume.
Et tout autour, le vent joue dans mes boucles brunes.

Sur le chemin

Des routes, il y en a partout.

Mais certaines sont bordées de petits nuages blancs.

Cotonneux comme la laine,

qui embrassent tendrement la plaine,

qui se délectent des océans,

et chatouillent la cime des géants.

Alors ces routes où l'on se perd

prennent l'allure, presque éphémère,

d'une carte qu'on lirait de travers

et puis qu'on replierait.

Juste pour le plaisir, j'en fais l'aveu,

de se perdre encore un peu.

Sentiers, chemins,

sentes pavées.

Rubans qui s'étirent jusqu'au loin,

jusqu'à une chapelle mariale,

dont la fraîcheur vaut toutes les cathédrales.

Et les nuages dorment encore

au pied de ces collines d'or,

que l'asphalte n'a jamais conquis.

Quiconque foule la terre,

qui se mêle au ciel,

sait que les cumulus

sont le repaire de Phébus.

Derrière leur air bourgeonnant,

tels d'immaculés moutons blancs,

ils pansent tout en poésie

chaque peine, chaque souci.

Ils sèment sur nos itinéraires

quelques ombres légères.

Et si on lève les yeux du chemin,

on y voit même quelques dessins.

Rias galiciennes

Libres

dans un royaume sans frontières.

Voyageurs ivres de langues étranges étrangères.

Il n'y a aucun horaire

pour s'en aller à pied.

Pourquoi ferions-nous marche arrière ?

Nous avançons, même estropiés.

C'est d'ici que nous venons,

et de partout ailleurs.

Nous oublions jusqu'à nos noms.

Sont-ils si importants, d'ailleurs ?

Chacun est venu chercher quelque chose,

mais personne ne sait vraiment quoi.

La joie d'un bagage que l'on pose,

l'allégresse de l'eau que l'on boit.

La liesse se partage,

comme un quartier d'orange cueillie,

offert au détour d'un virage,

sur le *Camino* de la vie.

Un pays celte aux couleurs du Sud

qui parle comme l'on chante,

au gré des cornemuses.

Une terre autonome et touchante.

Sous un grand citronnier,

un enfant vous sourit.

Tandis que passe l'ânier,

le temps s'arrête ici.

Les parcelles fertiles nous regardent passer,

chargés, et parfois imbéciles

de n'avoir pas imaginé

que la vie avec moins est bien plus facile.

C'est le poids de nos besoins d'abondance

qui laisse des traces sous nos pas

tandis qu'avec un rien, on danse,

plus légers, sans aucun embarras.

Les cloches résonnent,

et le soleil décline.

Les ruelles piétonnes,

décorées de glycines,

vivent au rythme des hommes,

dont la joie me fascine.

Un bout d'estuaire porte, d'après la légende,

la trace des doigts divins,

où Dieu, pour se détendre,

avait posé sa main.

Ainsi naquirent les *rias* Galiciennes,

bras d'océan qui embrasse la terre.

Peut-être est-ce Dieu qui fit des siennes ?

ou seulement un hasard de l'univers…

Pontevedra

Rúa Santa Clara,

Convento de San Francisco,

Praza da Estrela.

Quitter les rives boisées

du *Rio Tomeza,*

ses chemins ombragés,

et faire ses premiers pas

dans la douce cité

nommée Pontevedra !

Ruelles escarpées,

bâtisses d'un autre âge,

curieux perroquets,

et ici un adage :

« Pontevedra donne à boire

à tous ceux qui passent.

Et il n'y a qu'à voir

tout ce monde en terrasse ! »

Les saints et les autres

Marie, Jacques, et les autres. Et moi ?
Suis-je donc une sainte ou un apôtre ?
Moi, je ne suis qu'un être humain
qui cherche la lumière sur le chemin.
Ma langue est universelle
et je n'ai pas de religion.
Les forêts sont mes chapelles,
toutes les routes sont ma maison.
J'habite sous le même toit
que des milliards d'êtres vivants.
Parmi eux, il y a toi,
et après nous, viennent les suivants.
Sous mes pas, la poussière raconte
l'Histoire, le passé, les contes,
les légendes que chantent les vainqueurs,
tandis que les vaincus les pleurent.
Mais c'est la paix que j'entends résonner
dans les murmures des sentiers.
L'eau coule encore sous les ponts
tandis qu'amour et paix entrent au panthéon.

Bretagne

À l'Ouest

À quiconque me demandera où je veux vivre,

je répondrai : « Là

où sans crainte, à l'aube, on ouvre les paupières ;

où les légendes racontent nos amours ;

où mille fois, la pluie nous désaltère.

Mille fois en un jour

tandis que l'on s'occupe à contempler le vent,

et les flots et le temps,

qui passent pendant qu'on s'aime.

Là où la douceur du miel résonne dans les voix ;

où la chaleur d'un verre crépite sous les toits ;

là où le beurre, le sel se marient sur les doigts ;

là où l'on s'assoit un instant ;

une vie pourquoi pas,

pour regarder les voiles, au large, tout là-bas,

qui dansent sous nos yeux,

et qui nous laissent cois. »

Je répondrai : « Là,

à l'ouest de nos villes et au creux de tes bras,

dans ce pays fait et d'îles, et de pierres, et de joie. »

Bienvenue

Là, sur le port du Conquet,

les regards inquiets

se tendent vers le large.

C'est le dernier bateau pour ce soir.

Dans le chahut, déluge d'été,

on aperçoit enfin le phare.

Molène est loin derrière.

Et déjà Ouessant

tend vers nous ses bras insolents.

Nous veillons, au son des cornes de brume,

autour d'un doux *EDDU,*

puisque c'est la coutume.

Juste assez pour bercer nos rêves,

oublier la tempête qui s'abat sur la grève.

Le jour se lève enfin.

Une coque estropiée

gît là, dans le matin,

accrochée aux rochers.

Depuis la côte,

la lande s'étale, fleurie.

Je ne sais où me rendre.

Suis-je la bienvenue ici ?

Drôle d'accueil estival !

Pourtant au pied du géant *Créac'h*,

tout semble si normal.

Le soleil point,

comme sorti d'une chimère.

La roche me toise.

Insolente mer d'Iroise,

toi qui me souhaites la bienvenue

en jetant à mes pieds

les bateaux égarés.

Normandie

Cotentin

Même quand il pleut,
j'ébroue mon cœur bleu
sur les côtes couleur grises,
où les vagues viennent et se brisent.
Même quand il flotte,
je survole en rase-mottes
les salines amertumes
qui se mêlent à l'écume.

Pareil au ciel
couleur de miel
dans le lointain.
Soigner le fiel
dans le crépuscule cotentin.
Et puis, remontant la Manche,
là, sur le banc face à la mer,
je hérisse les curieux du dimanche.
Moi, je ne suis qu'un courant d'air.

La Vanoise

Peur du vide

Serpenter,

entre les nuages blancs,

les lacs bleus.

S'agripper aux pierres

qui touchent le ciel.

La vie en bas, étriquée,

minuscule.

Ici, il n'y a guère que les cailloux

qui se bousculent.

Prendre le chemin vers l'orage,

et puis trouver refuge.

Sentiers au cœur des alpages.

Se jeter dans les pentes !

Celles qui montent, qui descendent ;

celles qui doutent, qui répondent.

Chercher l'équilibre, sans regarder derrière,

sans regarder en bas.

Renversante Vanoise !

Casse-pattes enchanté !

De vastes espaces en sentiers,

te voilà qui chemines à travers moi.

Je n'ai plus peur du vide.

Je suis emplie de toi !

Paris

Dis, tu as vu Paris ?

Dis, tu as vu Paris sous ses airs coquets ?
Où flânent, le nez en l'air, ou bien dans les troquets,
les demoiselles en fleurs, les curieux, les minets,
dont les démarches lentes font des ballets abstraits.

Dis, tu as vu Paris à la tombée du jour ?
Celle qu'on a nommée « la ville de l'amour ».
Où les passants heureux, au hasard d'un détour,
écrivent sur un mur « je t'aimerai toujours ».

Dis, tu as vu Paris quand s'en vient le printemps ?
Sur le haut de Montmartre ou de Ménilmontant,
sur les quais de la Seine, les cheveux dans le vent,
la jeunesse rêveuse se berce en chantant.

Dis, tu as vu Paris, sa plage et ses pavés ?
Ses parcs, ses jardins et ses nombreux secrets,
ses passages discrets, ses portes dérobées,
et les mille légendes que l'on pourrait conter ?

Dis, tu as vu Paris ? Tu as vu son visage ?

Tantôt vieille gitane, tantôt fillette sage.

Dansante ou bien tremblante au gré de nos passages,

délivrant ses mystères, pour peu qu'on y voyage.

Pas vu, pas pris

Paris pavé,

mon cœur épris

de tes passages.

Paris parée

de mes pas sages.

Me voilà pris

dans ton sillage.

Eure-et-Loir

Conie-Molitard

Le bleu du ciel,

le vert doux des champs de blé dur,

l'horizon doré de colza,

le temps s'arrête à Conie-Molitard.

Et le printemps s'invite sur ma palette,

où la rivière joue de son art.

Chante le clapotis de l'eau,

et son écho sous le lavoir.

Chante le clapotis de l'art,

et son éclat au gré des flots.

Cachée dans son écrin de verdure,

la *Conie* ne craint rien,

pas même les éclaboussures,

ni les cris heureux des bambins.

Les rires d'enfants elle étreint

lorsque la saison d'été dure.

Ici, la poésie s'abreuve

de quelques mélopées éphémères

tandis que là, d'autres s'émeuvent

que l'eau douce finisse à la mer !

Sur la rive hier

J'étais sur la rive hier,

au bord de la rivière.

La regardant, insaisissable,

passer là, sous mon nez.

Elle me toisait sans jamais s'arrêter.

Assise sous le vieux lavoir,

je rêvais de la voir

s'arrêter un instant.

« Je l'ai ! » cria l'Hiver.

Et soudain, la fugace fut de glace.

Pétrifiée, immobile, rivée à son sort

dans le froid qui mordait,

de toutes ses dents de lait,

la rivière gelée.

Murmure de campagne

Murmure de l'âge mûr.

Armure de l'âme sur

un dos courbé par le temps.

Sage,

penché,

tel un roseau plié par le vent.

Les foins sont coupés,

et déjà poussent les suivants,

les saisons sont occupées

à donner le rythme aux vivants.

Sonnent les cloches de l'église,

et les vieilles pierres résonnent.

Déjà la bruyère se tisse,

on en fera une couronne.

Jura

Baume-les-Messieurs

Il y a Baume, Messieurs, Mesdames,
et son abbaye impériale.
Il y a la vie, le baume à l'âme,
qui versent dans l'histoire locale.

Marchant droit vers les reculées,
j'entends au loin l'eau s'écouler.
Ce n'est rien d'autre qu'une balade,
le chant mélodieux des cascades.
Dans le grand cirque des falaises,
le courant accueille, il apaise.

Depuis la source souterraine,
jaillit la magie jurassienne.

Piaf en chantait *Les Trois Cloches*,
et moi, les mains au fond des poches,
je regarde dans tes jolis yeux
le reflet de Baume-les-Messieurs.

D'ici et d'ailleurs

Mi-ange, mi-saison

L'insolence de la lumière qui point.

Le ciel se charge d'averses grises.

Mars. Les rayons d'or résistent.

Le jour pousse la nuit du pied,

vers juin et son solstice d'été.

Les cycles tournent comme des heures

sur le grand cadran du jardin.

Les bourgeons, eux, tremblent de peur.

L'hiver n'est jamais vraiment loin.

Figés dans leurs chrysalides froides,

enclavés entre deux saisons,

le vent et le soleil se toisent.

Lequel deviendra papillon ?

L'effronterie d'avril qui vient.

Le râle de l'hiver qui s'en va.

Le son de la sève, le regain

des tulipes et des forsythias.

Et moi qui regarde pousser les violettes,

avec l'audace d'un jeune enfant

qui se contente seulement d'être

et d'exister, sans rien faisant.

Ne rien faire.

Laisser germer les poèmes.

Dans le secret des primevères

parcourues de frissons bohèmes,

et des souffles de l'univers.

Mi-ange mi saison,

l'instant s'étale de tout son long.

Peut-être durera-t-il toujours ?

Comme les premières amours.

L'aube

Le ciel est bleu.

La terre rougit sous ses caresses.

Le soleil veut

se réveiller, mais rien ne presse.

Il est l'aube.

L'heure passive qui enchante,

telle une ode

que l'on murmure et que l'on chante.

Il est tôt

sous les grands yeux bleus du soleil,

et bientôt,

ce sera la fin du sommeil.

Il est l'heure,

sur le carillon du bonheur,

de parer le cœur d'or

et de se réveiller.

Encore.

Dehors

Dehors, il y a la brume. Dedans aussi.

Un épais brouillard, une idée fixe, folle.

Un doute nuageux où tout est gris.

Et puis la pluie, sur mon cœur et sur le sol.

La robe rouge

Le coquelicot me passionne,

voyez-vous.

Il éclot un matin

d'un végétal oursin

qui laissait deviner la couleur

de sa robe froissée.

Il se laisse bercer par la bise.

Fragile.

Rouge sous la rosée

qui dessine des perles

sur sa peau duveteuse.

Et puis, lorsque vient l'heure,

délaisse son cafetan écarlate

pour faner avec élégance.

Sous son petit chapeau moulé,

dans son ventre rond,

à l'intérieur de sa bedaine,

merveille !

Déjà s'apprêtent les coquelicots

aux robes vermeilles

de la saison prochaine.

Les pieds sur terre

Il paraît que si l'on garde les pieds sur terre,

c'est grâce à la gravité.

Je n'aime pas les choses graves.

Je préfère la grâce des gens tête en l'air.

L'arbre qui quitte la forêt

Prendre racine,

et tout envoyer promener.

Être l'arbre qui quitte la forêt.

Là, le Hêtre,

las d'être planté là,

s'arrache, c'est décidé,

vers une autre contrée.

Écorcé vif.

Il songe à devenir un *piaf*,

et les oiseaux s'esclaffent.

Misérable plus qu'érable sycomore,

l'arbre, sitôt parti, sitôt mort,

a préféré mourir libre,

plutôt que de finir en livre.

Prendre la forme du vent

Rien n'est moins souple
qu'un morceau d'âme qui souffre.
Alors le mieux dans la tempête,
c'est de prendre la forme du vent.

Penché, courbe,
que rien n'arrête.
Insaisissable.
Mais qui se laisse prendre,
parfois,
dans le creux d'un cou tendre,
que l'on ne couvre pas.

Agile, alerte.
D'un rond de jambe,
esquivant les obstacles.
Hurlant à qui veut bien l'entendre,
qu'existent les miracles.
Sifflant.

Soufflant dans les voiles
que l'on porte devant les yeux.
Ailé et libre.
Ivre comme l'harmattan.

Prendre la forme du vent.

Poète et voyageur

L'un cherche la raison dans la poésie,

semant la prose fragile sur les chemins de l'existence.

L'autre cherche le chemin, sans raison,

si ce n'est d'en augmenter la distance.

L'un boit les paroles du monde pour en faire des

poèmes.

Il dessine des rondes, libre d'en raconter les contours,

ou de les effacer à sa guise.

L' autre boit puis repart,

laissant sur des terres inconnues la trace de ses pieds nus

et le sifflement de son corps dans la brise.

L'un raconte. L'autre monte.

L'un rime. L'autre arrive.

L'un couche sur papier tout ce qu'il est.

L'autre se tient debout.

L'un est fou. L'autre lui ressemble beaucoup.

L'un écrit le cœur sur des briques de glaise,

sur les murs des prisons.

L'autre déroule ses rêves sur des chemins de terre, des routes de béton.

Un bagage

Un bagage.

Dos de cuir.

Bretelles renforcées.

Cœur de soie.

Poche intérieure secrète.

Assez grand pour y glisser

quelques poèmes,

une grande histoire d'amour,

des envies,

des problèmes,

Des promesses,

des « toujours ».

Un bagage,

fermeture zippée,

cicatrice d'enfance.

De belle facture,

fabriqué à la main avec soin,

présente quelques traces d'usure,

mais peut encore servir.

Et quel bagage !

Le voici sur le quai,

qui s'en va en voyage.

Nulle part

Parfois, on ne voit pas le bout du monde.

On ne navigue sur aucun océan.

On ne gravit aucun mont.

Et pourtant…

Brume d'hirondelles au lever du jour,

chant de hulotte,

pluie d'été

s'invitent à notre porte.

Et le seuil, c'est déjà le début du voyage.

Il suffit d'un peu d'imagination.

Les freux et leur plumage,

noir nuit d'Arabie.

Et les soirs d'orage,

comme la mousson d'Asie.

Le vent sous la tonnelle

chahute mon bateau,

qui vogue sur la mer.

Voilier ou bien radeau ?

Et le parfum d'une femme

dans un bus au matin,

je vois déjà Ouazzane

qui fleure le jasmin.

L'aventure.

Sur mon paillasson moite.

Odyssée du coin de la rue.

Tour du monde des jardins.

Prochaine étape de ma quête ?

Marcher jusqu'à la boîte aux lettres !

Vous pleuviez

Vous pleuviez,

comme tombés du ciel,

en des milliards de petites gouttes,

chacune destinée à recouvrir

les pores de ma peau lésée.

Vous pleuviez sur mon désert

et sur les arides mystères

de l'existence.

Vous pleuviez tant et tant,

Ô miracles ruisselants,

que poussa un jardin,

là où il n'y avait rien.

De vert

Itinéraire par-devers moi,

de vert, de bleu,

de rien parfois.

Seulement la plaine et l'émoi,

rien que ma peine et moi,

que l'immense laisse cois.

Les voyages forment la genèse.

Quand il faudra partir

et tout recommencer ;

quand la peur de mourir

s'en viendra t'enlacer.

Quand tu poseras le regard

sur le grand cadran de la vie.

Quand sonnera le départ,

l'heure de vaincre l'ennui.

Alors tu t'en iras.

Sans demander ton reste.

Peu importe où tu vas.

Le nord, le sud ou l'ouest.

Peu importe comment,

tant que tu vas léger.

Ton cœur renaissant

veut seulement voyager.

Renaître ailleurs,

autant que la vie le demande.

Et revenir meilleur,

et l'âme un peu plus grande.

Après cent mille tours du monde

à faire le tour de toi-même.

Entends ta silhouette vagabonde

qui te murmure des « Je t'aime ».

Comme un premier amour.

Premiers pas ou premières danses.

Tu pars.

Et là, à ton retour,

c'est l'heure de la renaissance.

Poème de sentier

Poésie de grand chemin,

poème de sentier.

Écrire les vers bohémiens,

pour que demain vous chantiez

au gré de toutes les routes,

envers et contre l'asphalte.

Les rêves qui mettent en déroute,

et ceux qui vous exaltent.

Prose sans lendemain

ou rimes éternelles.

Vous tenez dans vos mains

toute ma ritournelle.

Qu'importe le voyage

tant que va l'émotion.

Les lignes sont à la page

ce qu'à moi, les mots sont.

Partout chez moi

Quelque part,
entre le soleil brûlant et la terre glacée,
entre le cœur béant et nos mains enlacées.
Quelque part, entre moi et le reste du monde,
entre la lumière et l'ombre.
Quelque part, je suis chez moi,
partout où le soleil se lève.
Dans chaque lieu où la pluie sur mes lèvres
vient me désaltérer.
Dans ces infimes morceaux d'univers infini,
sur l'océan, la terre, le jour, ou bien la nuit.
Dans chaque lieu où les matins rayonnent,
j'ai mon foyer, mon nid. Un morceau de patrie.

Quelque part, entre le soleil brûlant et la terre glacée,
entre tous les torrents et les plaines.
La terre, je le sais, m'aime autant que je l'aime.

Chaque part de moi, qui foule une part d'elle,
s'émeut, à chaque fois, de la voir si belle.

Épilogue

Jeannine ou le voyage immobile

29 mai 2023

Depuis ma chambre d'hôpital, j'admire la façade sud de la majestueuse cathédrale de Chartres.

J'imagine en cette fin de matinée que, là-bas, au pied de la rosace, quelques touristes remontent la rue des Changes depuis la place Billard et sa halle de style Baltard en quête d'une terrasse où déjeuner.

Je ne peux qu'imaginer, car le pied à *perf'* me limite au souvenir tendre de la terrasse du *Café Bleu*, sans que je puisse espérer aller y déguster un *Gin Tonic* dans lequel on m'aurait déposé une myrtille.

Je songe à la fin du recueil, sur le point de rédiger le prologue de *Chemins*, enfermée dans une chambre avec vue, au 5e étage de l'hôpital !

Finalement, je lance d'un ton jovial à ma voisine de chambre qui râle comme un vieux chat : « Vous voyez la vue sur la cathédrale ? Il y a des gens qui payent cher pour ça ! »

Elle me répond que j'ai une drôle de façon de voir les choses. Puis, libérant ses jambes du peignoir rose dans lequel elles sont emmitouflées, elle se penche.

Dans un éclat de rire rauque, elle m'avoue qu'elle n'avait jamais remarqué qu'on voyait aussi bien la cathédrale depuis la chambre.

Et moi, je comprends enfin ! Vous voyez, aucun paysage ne se soucie de savoir si vous les regardez par la fenêtre d'un train ou celle d'une chambre d'hôpital...

Aucun chemin ne vous demandera où vous allez, et pourquoi ? Il s'offre à vous, aux aventuriers, aux voyageurs, aux nomades autant qu'aux autochtones.

Ce qui en fait un chemin d'exception, ce n'est ni l'endroit où il mène, ni le temps que vous passez à l'arpenter, c'est seulement votre capacité à y déceler la poésie de la vie.

31 mai 2023

J'ai laissé ma colocataire de 91 ans dans la chambre 561 et je suis rentrée à la maison.

Vendredi, je dois aller à Chartres pour un rendez-vous médical et à Dammarie, pour un autre. Je viendrai sans doute rendre visite à ce petit bout de femme avec qui j'ai passé quelques jours. Elle me disait qu'elle et son mari, qui n'est plus de ce monde, aimaient lire de la poésie.

Lundi, je lui ai lu quelques poèmes en cours d'écriture et elle m'a glissé à l'oreille que ça lui faisait le plus grand bien de s'évader autrement qu'avec la télévision, dans ce lieu clos où elle a peu de visites.

Elle doit rentrer chez elle la semaine prochaine… où elle sera seule, encore. Je pense aller lui déposer un exemplaire de mon recueil. Bien maigre consolation, pour qui a plus peur de continuer à vivre dans l'isolement que de mourir.

Elle qui adore les chats n'est pas en mesure d'en assumer un seul chez elle.

Cette rencontre rend bien plus précieux le temps passé entourée de mes enfants, de ma tribu de poilus et en (relative) bonne santé. J'ai encore des passions, des joies à vivre et mille choses à découvrir. Un jour, la maison sera vide et mes jambes ne me porteront peut-être plus, alors je savoure chaque instant, chaque seconde.

Une sacrée leçon de vie ! Merci, Jeannine.

2 juin 2023

J'ai déposé à ma très chère Jeannine un exemplaire de mon recueil *ET LES FÊLURES DORÉES*, accompagné d'un petit flacon d'eau florale de rose. C'était certainement la dernière fois que je la voyais. Nous savons tellement de choses et à la fois si peu l'une sur l'autre.

Elle continuera à vivre avec, je l'espère, la douceur de notre rencontre tatouée dans le cœur.

Avant de la quitter, j'ai pris sa main qu'elle venait d'asperger d'eau florale en souriant :

« Cela sent vraiment la rose. On se croirait presque au jardin ! » a-t-elle dit. Je reviens un instant à mon idée des voyages immobiles, que l'on s'offre lorsque la vie nous en empêche.

J'aimerais vous dire qu'elle gardera pour toujours ce sourire lumineux qu'elle porte au visage, mais je n'en ai pas la moindre idée.

C'est en tout cas comme cela, parfumée de rosiers, assise dans son peignoir fuchsia que je veux la garder en mémoire. Toujours.

Un jour, elle partira, et je n'en saurais rien. Pour moi, Jeannine est éternelle. Une fleur que l'on cueille avant qu'elle ne fane, pour la garder à jamais sur l'autel de la gratitude infinie.

Un jour, Jeannine partira, et je n'en saurais rien.
Peut-être que le vent dispersant les pétales du jardin me le soufflera à l'oreille. Alors je pourrais la regarder danser, émancipée de ses jambes frêles qui ne la portent plus.
Je sais qu'elle aura l'art, à son âge, de savourer son dernier voyage.

6 juin 2023

Chaque fois que le corps n'est plus libre, qu'il soit claquemuré dans la maladie, cloîtré dans une cachot, ou empêché par les aléas du temps et de l'espace, il naît quelque-chose de poétique.

L'immobilité rend l'étreinte créative comme une passerelle céleste entre dedans et dehors.
Vous savez, dans la marche, il y a quelque chose de résolument animal et de profondément humain à la fois.
L'un des premiers acquis, avant même le langage.
L'instinct de survie qui nous pousse envers et contre la gravité.
Contre la gravité !

Est-ce que rien de grave n'arrive à ceux qui marchent ?
Ou peut-être seulement que, déroulant les pas les uns après les autres sur le grand tapis de l'existence, le marcheur en oublie de s'attarder sur la gravité des choses. Il avance. C'est tout.
Qu'en sais-je ? J'écris, vissée sur un siège.

Ici dans ma chambre d'hôpital, la destination la plus exotique est la cafétéria du rez-de-chaussée.

Et c'est justement parce que je suis ici, geôlière d'une éternité inerte, dont les yeux rêvassent dans le bleu du ciel, que je me rappelle le goût délicat de la marche.
Au diable les plaintes sempiternelles, me voilà semeuse d'éternel !
Secrète veilleuse de poésie, sauvage et voyageuse, je laisse les logorrhées aux oraisons funèbres et la gravité aux alunissages !
Ici les verbes alambiqués battent la mesure, à défaut de battre le pavé !

Je déroule mes pieds nus dans les grands draps, blancs comme dans le sable de Cuba.
Et je me baigne dans les draps !
Un rayon de soleil dessine des angles obtus sur les fadaises grises qui servent de murs.
J'essaie de me souvenir de mes jambes qui se contractaient dans l'effort de ma marche vers Compostelle. Ce n'est pourtant pas si loin. Le mois

dernier, tout au plus. Je me sentais puissante, vivante, magique presque. Je n'ai écrit aucun poème durant ce voyage. Trop occupée à le savourer du bout des lèvres, à sentir mon cœur palpitant s'empiffrer de joie.

J'ai oublié d'écrire parce que je marchais.

La poésie et la marche sont si semblables finalement : nourries d'espoirs naissants que la lumière d'un soir d'été rend délicieuses, éphémères et fragiles.

Elles s'offrent toutes deux, parfois dans l'effort, à ceux qui ne craignent ni la course du soleil ni la solitude. Elles sont vivantes ! Incandescentes presque. Exaltées ! Elles sont l'instinct de survie de celui qui, tapi dans un coin de la pièce, choisit d'ouvrir devant lui la porte, ou son carnet de notes pour affronter la gravité avec toutes ses forces d'humain terrestre.